AF411012

CHEMINS DE FER D'INTÉRÊT LOCAL

DANS LE JURA.

CONSIDÉRATIONS GÉNÉRALES

SUR LES

CHEMINS DE FER

DÉPARTEMENTAUX

OU D'INTÉRÊT LOCAL.

SALINS

IMPRIMERIE ET LIBRAIRIE BILLET

1868

Je donnerai prochainement les détails justificatifs de
tous les chiffres indiqués tant pour la construction que
pour l'exploitation du chemin de fer projeté de Lons-le-
Saunier à St-Claude.

CHEMINS DE FER D'INTÉRÊT LOCAL.

Un chemin de fer d'intérêt local est une voie ferrée ou un ensemble de voies ferrées, devant relier, entr'elles ou aux grandes lignes, les localités d'un même département ou de départements limitrophes. Il peut aboutir, par un ou plusieurs points, à une ou plusieurs grandes lignes, mais ne doit pas servir de transit entre ces grandes lignes ; car, s'il en était ainsi, il ne présenterait plus un simple caractère d'intérêt local, puisqu'il aurait pour résultat un intérêt général, peut être secondaire, mais enfin plus que local, et alors, il doit faire partie des réseaux des grandes compagnies.

Il est probable qu'on sera souvent tenté d'es-

pérer que certaines directions pourraient être
appelées, dans un avenir plus ou moins éloigné, à
raccourcir certaines distances des grandes lignes,
mais il ne faut pas perdre de vue que les chemins
existants sont installés dans les meilleures conditions possibles d'exploitation, et que les chemins
d'intérêt local devant, pour pouvoir être exécutés,
être établis avec le moins de frais possible, présen-
teront souvent des difficultés d'exploitation telles
que la diminution des distances pourra bien n'avoir
aucune influence, ni sur la durée, ni sur le prix
des transports.

Les chemins de fer d'intérêt local, d'après leur
nature même, ne doivent donc avoir qu'un trafic
restreint, par rapport, du moins, à celui des grandes
lignes. Pour qu'ils donnent un bon résultat, leur
construction et leur exploitation doivent être
subordonnées exclusivement aux conditions topographiques et commerciales des localités à desservir. Or ces conditions sont excessivement variables,
même pour des points assez rapprochés. Aussi
devra-t-il y avoir des variations dans les modes de
construction et d'exploitation des chemins de fer
d'intérêt local, puisque, dans chaque cas parti-
culier, on devra s'attacher à trouver le système qui
convient le mieux aux intérêts locaux.

En tous cas, la première condition pour ces chemins, c'est que leur construction et leur exploitation puissent se faire à peu de frais, de manière que les prix de transport soient assez modérés, et que le service offre assez de facilités de communication, pour améliorer la situation de l'industrie, du commerce et de l'agriculture, dans les-localités actuellement privées de chemin de fer.

Il faudra que ces chemins offrent au public un nombre de trains par jour, suffisant à assurer la facilité des communications pour les voyageurs, et les trains devront être répartis de manière à répondre le mieux possible aux usages de chaque localité.

Dans les embranchements exploités par les grandes compagnies, il est souvent très-difficile, pour ne pas dire impossible, de remplir cette condition, à cause de la multiplicité des autres conditions auxquelles doit satisfaire l'exploitation générale. Aussi, les recettes de voyageurs sont-elles presque nulles sur les lignes, où le nombre et la répartition des trains ne donnent pas de facilités pour les communications. Je citerai spécialement à ce sujet un exemple (1) que j'ai pu constater *de visu*, l'embranchement d'Andelot à Champagnole (14 kilom.), sur la ligne de Dole à Neuchatel : il n'y a que quatre trains par jour (2 aller et retour) ; les uns partent d'Andelot à 6 h. 50 m. du matin et à 7 h. 45 du soir, les autres de Champagnole à 5 h. 28 m. du matin et à 6 h. 48 du soir. Les inconvénients que présente ce service pour le public, sans parler même des pertes de temps à Andelot, point de bifurcation, donnent lieu à des réclamations constantes de la part des habitants, et font que la plupart des voyageurs prennent des voitures pour ce trajet. L'exploitation de la compagnie de Lyon ne permet pas de parer à ces inconvénients dans les conditions actuelles, par suite des frais assez considérables qu'un train de plus occasionnerait par jour avec le matériel dont elle dispose, et qui est parfaitement proportionné aux besoins généraux de son service, mais non à ceux partiels de chaque localité.

Les chemins de fer d'intérêt local devront don

---

(1) Il y en a beaucoup d'autres, ainsi : Fougères à Vitré (39 kilomètres), Gray à Labarre (39 kilomètres), Saint-Rambert-d'Albon à Rives (56 kilomètres), Arvant à Murat (59 kilomètres), Arvant à Langeac (42 kilomètres) Chauny à St-Gobin. etc.

être, le plus souvent, l'objet d'une exploitation spéciale pour donner des résultats satisfaisants. Il sera très important, pour se guider dans le choix du mode d'exploitation, de ne pas négliger cette observation, que les trains doivent être multipliés le plus possible. Car, outre la satisfaction à donner au public, il y a l'intérêt de la Compagnie exploitant. Or, ces chemins n'ayant qu'un trafic restreint, tout ce qui peut augmenter les recettes, même d'une petite quantité seulement , sans augmenter sensiblement les dépenses, peut avoir une très grande influence sur le revenu net annuel, et il est incontestable que la multiplicité des trains contribue puissamment à l'affluence des voyageurs.

Du reste, la multiplicité des trains concorde bien avec les conditions d'économie de la construction ; car ces chemins n'auront évidemment que des trains mixtes ; or, plus il y aura de trains par jour, plus le tonnage de chaque train sera faible ; par suite les locomotives seront moins lourdes, ce qui permettra d'employer des rails plus légers et d'assurer plus facilement l'assiette de la voie.

L'économie de la construction exigeant que l'on suive autant que possible les configurations du terrain, la voie présentera souvent d'assez fortes inclinaisons : La question du poids des trains et des locomotives aura par conséquent une très grande importance aussi bien pour l'exploitation que pour la construction.

Par cette même raison d'économie , on sera souvent obligé aussi d'avoir des courbes de faibles rayons ; mais le matériel ordinaire et la largeur ordinaire de la voie ne permettent ces faibles rayons qu'aux dépens des frais d'exploitation. Si la configuration du terrain est telle qu'il n'y ait pas d'économie importante à réaliser dans la construction par l'emploi de courbes d'un rayon inférieur à 300 m., on sera peu porté à tenir compte des avantages que pourrait apporter dans l'exploitation l'adoption d'une voie plus étroite que celle des grandes lignes, parce que l'on s'effraie d'un transbordement forcé aux jonctions avec les grandes lignes. Mais ce transbordement sera presque toujours forcé (1) même avec la voie ordinaire ; car le matériel ordinaire , très bien approprié au grand trafic des grandes lignes installées dans les meilleures conditions possibles d'exploitation, ne

____

(1) Il est toujours forcé avec les voyageurs, puisque es chemins d'intérêt local ne peuvent être qu'un emranchement de la ligne principale.

peut se prêter à l'exploitation d'une ligne accidentée qu'avec de grands frais, et au détriment du matériel et de la voie ; on sera donc amené, le plus souvent, à faire usage d'un matériel spécial. Par conséquent le transbordement ne peut pas être une objection suffisante contre l'emploi logique d'une voie plus étroite que celle des grandes lignes pour un trafic de peu d'importance. Or, l'adoption d'une voie étroite peut apporter dans beaucoup de cas à la construction et à l'exploitation des économies suffisantes pour rendre possible l'exécution de bien des chemins de fer qu'on ne peut songer à établir dans les conditions actuelles.

La principale économie due à la voie étroite consiste dans la réduction des terrassements et des ouvrages d'art, qu'on peut obtenir avec des courbes de faibles rayons. Mais on a prétendu que ces faibles rayons pouvaient également être admis avec la largeur de voie ordinaire, à la condition seulement d'avoir des locomotives spéciales, les wagons des grandes lignes pouvant circuler aisément dans des courbes de 150 m., 100 mètres et même moins de rayon. C'est vrai pour des wagons isolés, mais non quand il s'agit de trains en service courant. Au surplus, on ne peut contester que la circulation dans les courbes sur une voie de 1 m., sera toujours beaucoup plus facile que sur une voie de 1 m. 50. Pour en donner une idée assez exacte, il suffit de citer ce fait que, le glissement dù à la fixité des roues sur les essieux, par tour de roue dans une courbe de 250 m. de rayon qui est, avec des roues de 0 m. 80 de diamètre, de 15 m|m sur la voie de 1 m. 50, n'est que de 9 m|m sur celle de 1 m., et il faut faire descendre le rayon à 150 m. environ sur la voie de 1 m., pour que le glissement soit de 15 m|m. Donc si on n'admet que sur la voie de 1 m. 50 on adopte pour les rayons des courbes un minimum de 250 m., ce minimum sera d'autan plus 150 m.,sur la voie de 1 m. à conditions égales d'exploitation. Quant à l'exploitation sur une voie de 1 m. 50, si on emploie les wagons des grandes lignes pour éviter les transbordements, je ne vois pas ce qui peut donner des économies. Que la locomotive ait une disposition spéciale, qui lui permette de circuler dans des courbes de faibles rayons, cela ne change absolument rien au rapport du poids mort au poids utile et par conséquent à la puissance du moteur. Il ne peut y avoir matière à économie que si on arrive à changer le rapport du poids mort au poids utile, en d'autres termes, si on emploie des wagons spéciaux plus légers que les wagons ordinaires et plus en rapport avec l'importance du trafic. Mais si l'on est obligé d'employer des wagons spéciaux pour que l'exploitation ne soit pas en perte, il n'y a aucune raison pour ne pas adopter une largeur de voie différente de celle ordinaire et qui permet de faire de moindres dépenses dans la construction et à conditions égales de construction, de fatiguer beaucoup moins le matériel, par conséquent de faire aussi de moindres dépenses dans l'exploitation.

La voie de 1 m. peut donc rendre de très utiles services dans beaucoup de cas, aussi je crois qu'elle doit être étudiée pour chaque chemin de fer d'intérêt local, dont le trafic ne présentera pas une très grande importance. Le chiffre des économies qu'on peut réaliser est quelquefois énorme : J'ai été appelé à le constater dans le département du Jura, et je terminerai ces quelques considérations générales en donnant les chiffres que j'ai trouvés à cet égard pour l'étude d'un chemin de fer d'intérêt local de Lons-le-Saunier à St-Claude.

En adoptant comme maximum d'inclinaison 30 m|m par mètre et comme minimum de rayon des courbes en voie courante 300 m., le prix d'établissement de ce chemin de fer avec la largeur de voie ordinaire serait d'au moins 14,000,000 fr. et la longueur de 70 kilomètres environ. L'exploitation coûterait au moins 8,000 fr. par kil. et par an, soit 560,000 fr. environ.

Avec une voie de 1 m., un maximum d'inclinaison de 35 m|m par mètre (sur 6 kil. 5 en sortant de Lons-le-Saunier, partout ailleurs $25^m_{|}{}^m$), un minimum de rayon des courbes en voie courante de 160 m., la traction faite par des locomotives ne pesant pas plus de 15 tonnes, des rails pesant 25 kil. par mètre, le prix d'établissement ne serait que de 5,246,000 fr. environ, et la longueur de 68 kil., en desservant toutes les mêmes localités que dans le premier cas. L'exploitation coûterait environ 6,200 fr. par kil. et par an, soit environ 425,000 fr. en chiffres ronds.

L'économie dans les frais d'établissement serait donc de 8,754,000 fr., et dans les frais d'exploitation de 135,000 fr par an. Or une somme de 135,000 fr. par an correspond à un capital de 2,700,000 fr. placé à 5 p. 0|0. L'économie totale doit donc être estimée à 11,454,000 fr. Mais, peut-on dire, il faut tenir compte des frais de transbordement qu'on a avec la voie de 1 m.

Or, si on estime ces frais au chiffre de 0 fr. 50 par tonne, presque le double au moins de la réalité, et en admettant que le tonnage entier prévu (55,000 tonnes environ par an entre Clairvaux et Lons-le-Saunier) soit transbordé, ce qui est une exagération impossible, ces frais représentent une somme de 27,500 fr. environ par an , ce qui correspond à un capital de 550.000 fr. placé à 5 p. 0|0. L'économie totale ne devrait donc être estimée qu'à 10,904,000 fr. au lieu de 11,454,000 fr.

Ces chiffres montrent, sans qu'il soit besoin d'aucun commentaire, les avantages que l'on peut retirer de la voie de 1 m. dans certains cas. On doit en conclure, non pas que l'adoption de la voie de 1 m., peut être la solution générale de la question des chemins de fer d'intérêt local, mais seulement et cela est bien suffisant, qu'elle peut donner quelquefois d'excellents résultats et rendre possible l'établissement de bien des chemins de fer qu'on ne peut exécuter dans les conditions actuelles.

J. GANDILLOT.

Ancien élève de l'école Polytechnique.

PROJET

DE

CHEMIN DE FER D'INTÉRÊT LOCAL

DE LONS-LE-SAUNIER A ST-CLAUDE.

L'année dernière il a été question d'un projet de chemin de fer économique pour relier Saint-Claude à Lons-le-Saunier, ce projet consistait principalement à se servir des routes existantes pour y établir l'assiette de la voie ferrée.

M. Alfred Bouvet, se basant sur les considérations exposées dans une brochure, que les journaux du Jura ont reproduit in extinso , a offert à M. le Préfet du Jura , au mois d'août dernier, de se charger de la construction de ce chemin de fer sur les routes avec des rampes de 50 m|m par mètre et des courbes de 50 mètres de rayon.

Le conseil général du département fut saisi de la question, mais ce projet comportait l'emploi de locomotives spéciales pour lesquelles la sanction de la pratique ne parut pas un fait acquis sans conteste ; la circulation des locomotives et des trains sur les routes de la montagne ne sembla pas devoir donner une sécurité suffisante : l'exploitation avec des rampes de 50 m|m par mètre et des courbes de 50 m. de rayon ne parut pas présenter les garanties nécessaires ; enfin le tarif demandé sembla un peu élevé.

L'offre de M. Alfred Bouvet, ne fut pas acceptée.

Mais les intérêts des populations exigent impérieusement qu'une voie ferrée vienne le plus tôt possible changer les conditions des transports sur les routes. Or l'établissement d'un chemin de fer de Lons-le-Saunier à St-Claude, installé dans les conditions ordinaires est reconnu comme absolument impossible au point de vue financier. Dans cette occurence les communes intéressées se réunirent aussitôt après la cession du conseil général pour examiner s'il ne pourrait y avoir une solution, sinon directe, du moins détournée, à la question de l'établissement d'un chemin de fer, qui procure aux transports des conditions à peu près analogues à celles des chemins de fer ordinaires et qui soit installé dans des conditions admises par l'administration supérieure.

Les conseils municipaux de Lons-le-Saunier, Clairvaux , Moirans et St-Claude votèrent alors les études d'un chemin de fer de Lons-le-Saunier à St-Claude par Clairvaux et Moirans, pouvant satisfaire à ce programme.

En conséquence de ce vote, une réunion eut lieu à Clairvaux entre les délégués de ces communes, le 24 septembre dernier, en voici le procès-verbal :

COMITÉ DU CHEMIN DE FER

DE LONS-LE-SAUNIER A SAINT-CLAUDE

PAR

CLAIRVAUX & MOIRANS

—

Procès-verbal de la séance du 24 septembre 1867.

—

Le 24 septembre 1867, ont été réunis en la mairie de Clairvaux, sur la demande de MM. les maires de Lons-le-Saunier, Clairvaux, Moirans et St-Claude.

MM. Le Mire, Auguste, maire de Clairvaux,
    Ragmey, Charles,   »   Lons-le-Saunier,
    Lécureux,   »   St-Claude,
    Monnet,   »   Moirans,
    Le Mire, Noël,   »   Pont-de-Poitte,
    Courbet, adjoint à Clairvaux,
    Gros, juge de paix à   »
    Bouvet, Alfred, maître de poste à **Lons-le-Saunier**,
    Devaux, président du tribunal de commerce, à Lons-le-Saunier.
    Gandillot, Jules, ingénieur civil à Paris.

Toutes ces personnes étant présentes, M. le maire de Lons-le-Saunier est invité à prendre la présidence de la réunion et à en expliquer le but précis.

M. Devaux, Auguste, est désigné comme secrétaire pour rédiger le procès-verbal de la séance.

M. le président fait alors en quelques mots l'historique du projet du chemin de fer de Lons-le-Saunier à Saint-Claude par Clairvaux et Moirans, projet dont tous les membres de la réunion ont d'ailleurs connaissance par la brochure publiée par M. Alfred Bouvet dans le courant de cette année.

Le conseil général appelé par les instances des conseils d'arrondissements de Lons-le-Saunier et St-Claude, et par les votes des communes de Lons-le-Saunier, Clairvaux, Moirans, St-Claude, St-Lupicin, St-Maurice, Cuttura, Charchilla, Villard-d'Héria, Lamoura, Lajoux et Soyria, à se prononcer sur la demande en concession dudit chemin de fer adressée à M. le Préfet du Jura par M. Alfred Bouvet, a déclaré ne pouvoir prendre de décision, attendu que les principaux éléments formant un avant-projet complet, et nécessaires pour délibérer sur une demande en concession, n'avaient pas été présentés. M. Bouvet, trouvant que ses offres avaient été en quelque sorte repoussées, sans qu'il y ait eu un examen sérieux, de la part du conseil général, ou pour tout autre motif, a renoncé à continuer de prendre l'initiative de cette affaire. Mais il importe au plus haut point pour les communes de la montagne surtout d'avoir le plus tôt possible une solution définitive de la question du chemin de fer de Lons-le-Saunier à St-Claude par Clairvaux et Moirans. Une étude complète doit donc être faite immédiatement, car aucune démarche ne pourrait avoir de résultat si elle n'était accompagnée et appuyée de cette étude. Aussi les conseils municipaux des communes intéressées, voyant M. Bouvet renoncer à poursuivre ce projet dans les circonstances actuelles, se sont réunis immédiatement après la session du conseil général et ont vôté des fonds pour l'étude d'un avant-projet à soumettre au conseil général dans sa plus prochaine réunion.

Le but de la réunion d'aujourd'hui, dit, en terminant, M. le président, est de répondre à ce vote des communes, c'est-à-dire, de prendre des mesures pour faire dresser un avant-projet du chemin de fer de Lons-le-Saunier à St-Claude, par Clairvaux et Moirans dans les meilleures conditions et le plus bref délai possibles.

Après quelques pourparlers entre les divers membres de la réunion, il est décidé à l'unanimité que :

1° Un comité dit du chemin de fer de Lons-le-Saunier à St-Claude par Clairvaux et Moirans est constitué par toutes les personnes présentes, pour faire les démarches nécessaires à la réalisation dudit chemin de fer.

2° Le comité se compose de tous les membres de la réunion de ce jour et des personnes suivantes :

MM. Dalloz, député du Jura,
      Vallès, inspecteur général honoraire
          des ponts et chaussées à Paris,
      Ruty, membre du conseil général,
      De Mérona,   »   »
      Richeratteau, conseiller d'arrondissement du
          canton de Clairvaux,
      Devaux, maire d'Orgelet,
      Prost, banquier à Lons-le-Saunier.

3° M. Dalloz est nommé président honoraire, M. Ragmey, Charles, président et M. Devaux, Auguste, secrétaire du comité,

4° Enfin M. Gandillot est chargé de dresser

l'avant projet du chemin de fer, à l'aide des fonds votés par les communes. Sa mission consiste dans l'étude du trafic probable, en prenant pour bases, les pointages faits par l'administration des ponts et chaussées; puis dans celle du tracé le plus économique possible , en adoptant que des données confirmées par la pratique et admises par l'administration supérieure, de manière à ce qu'aucune objection fondamentale ne soit soulevée ultérieurement contre la réalisation du projet, c'est-à-dire en n'adoptant que des inclinaisons inférieures à 0 m 035 par mètre et des courbes dont le rayon dépasse 100 mètres ; enfin dans l'étude du mode d'exploitation le plus convenable aux conditions topographiques et commerciales.

5° M. Alfred Bouvet est instamment prié de prêter au comité un concours dévoué, les études qu'il a déjà faites et sa position commerciale le mettant à même, mieux que tout autre, de pouvoir rendre d'utiles services au comité, et par cela même au département.

6° Enfin M. Gandillot est délégué par le comité pour toutes les démarches qui pourraient être utiles à la réalisation du projet pendant le cours des études de l'avant-projet.

Fait et clos à Clairvaux, les an , mois et jour que dessus.

Après cette réunion, j'allai voir M. le préfet du Jura, qui me donna aussitôt l'autorisation nécessaire pour faire l'étude du tracé sur le terrain, et voulut bien me communiquer avec la plus parfaite obligeance, pour me faciliter mon étude, tous les renseignements qu'il avait à sa disposition et dont je pouvais avoir besoin.

Mon travail était nettement indiqué dans le procès-verbal de la réunion de Clairvaux. Pour le rendre aussi complet que possible, je me posai le programme suivant :

Estimer le trafic et en déduire le chiffre probable de la recette, d'après les tarifs en usage sur les embranchements de chemin de fer, puis voir quels seraient les frais d'exploitation, et conclure, de la comparaison de ces frais avec les recettes, les moyens à employer pour que les conditions financières d'établissement et d'exploitation du chemin de fer projeté soient réalisables.

Trafic probable. — Les mécomptes qu'on a éprouvés bien souvent depuis plusieurs années dans l'évaluation du trafic pour beaucoup de chemins de fer secondaire doivent faire écarter complétement dans un projet l'espérance qu'on pourrait avoir d'un développement marqué des

transports par suite de l'établissement d'un chemin
de fer qui ne doit desservir qu'un rayon assez
restreint. L'expérience n'a que trop montré qu'en
dehors des grands réseaux les chemins de fer n'ont
pas un trafic supérieur à celui des routes qu'ils
sont appelés à remplacer. Du reste l'évaluation
de la circulation sur les routes offre déjà bien
trop de chances d'exagération et d'incertitude pour
qu'on vienne encore les augmenter. Car pour faire
cette évaluation, on n'a pas toutes les données
comme sur les chemins de fer. Il est presque impossible de connaître la charge et les points
d'arrivée et de départ de toutes les marchandises
transportées sur les routes, ainsi que des voyageurs.
On ne peut, pour estimer la circulation sur une
route, que noter le nombre et la nature des
voitures qui y circulent ainsi que leur direction (1)
puis en déduire le trafic en prenant une certaine
moyenne pour la charge d'un cheval. Or cette
charge est très variable, aussi bien pour les marchandises que pour les voyageurs, et on prend
généralement pour moyenne la charge maxima
qu'un cheval peut traîner sur une inclinaison
moyenne. Aussi les estimations faites d'après les

______

(1) Cette opération s'appelle faire le pointage des routes.

pointages sur les routes sont elles toujours bien supérieures à celles qu'on aurait d'après les services réguliers de messageries et de roulage, et qui cependant sont les plus rationnelles quand elles sont consciencieusement faites.

Il faut donc, afin de ne pas s'exposer à une trop grande exagération, ne compter pour le chemin de fer que le trafic des routes dont il peut absorber la circulation.

Or, d'après les derniers pointages faits par l'Administration des ponts et chaussées en 1865 (1) sous la direction éclairée de M. Boris, ingénieur en chef du département du Jura, en estimant à 1,250 kilogrammes la charge moyenne par collier de voiture servant au transport des marchandises, et à 3 le nombre moyen de personnes par collier de voiture publique ou particulière de voyageurs, la circulation moyenne par jour sur les routes.

Impériale n° 78, entre Lons-le-Saunier et Clairvaux.

Départementale n° 4, entre la route impériale n° 78 et Orgelet.

Départementale numéro 18, entre Clairvaux et

____

(1) Des pointages ont été faits aussi en 1863-64. La moyenne qui en résulte est la même que celle de 1865.

la route départementale numéro 4, pourrait donner (1) pour le chemin de fer de Lons-le-Saunier
à St-Claude par Clairvaux et Moirans, dans les
circonstances actuelles une circulation moyenne
par jour d'environ 125 tonnes et 120 voyageurs
entre Lons-le-Saunier et Clairvaux.

D'environ 55 tonnes et 50 voyageurs entre
Clairvaux et St-Claude.

Si l'on admet que la circulation sur la route
départementale n° 8, entre St-Claude et le département de l'Ain qui serait, d'après les mêmes
données, d'environ 25 tonnes et 40 voyageurs
par jour, provient toute entière des relations
entre St-Claude et le midi et qu'elle doive être
absorbée par le chemin de fer, on aurait par
jour sur le chemin de fer, environ :
150 tonnes et 160 voyageurs entre Lons-le-
                                Saunier et Clairvaux, et
60   »   90   »   entre Clairvaux
                                  et St-Claude.

---

(1) Les détails pour amener au résultat que j'indique seraient
beaucoup trop longs à énumérer ici ; je les ai donnés dans un
mémoire que j'ai présenté le 11 novembre dernier, au Président de
notre comité. Ce mémoire est déposé à la mairie de Lons-le-
Saunier.

Soit par an en nombres ronds,

55,000 tonnes et 58,000 voyageurs entre Lons-le-Saunier et Clairvaux, et

22,000 » 33,000 voyageurs entre Clairvaux et St-Claude.

Ces chiffres sont notablement plus élevés que ceux que j'ai pu constater d'après les renseignements des services réguliers de messageries et de roulage ; mais nous ne voulons pas croire en France aux renseignements fournis par les commerçants et les industriels, et il m'a bien fallu me conformer à cette habitude, plus ou moins rationnelle. Fort heureusement d'ailleurs la différence n'est pas trop grande pour qu'on puisse être taxé d'une exagération insensée, en adoptant les chiffres ci-dessus. Je les ai donc adoptés pour la base de mon étude afin de concilier autant que possible les divers avis qu'on pourrait émettre à cet égard.

Recette probable. — Le tarif moyen généralement usité pour les chemins de fer d'intérêt local est d'environ 0 f. 10 par tonne et par kilomètre pour les marchandises, et 0 f. 065 par personne et par kilomètre pour les voyageurs.

La distance par chemin de fer entre Lons-le-Saunier et Clairvaux serait de 26 kilom. environ et entre Clairvaux et St-Claude de 42 kilom. environ. Le prix de transport pourrait donc être fixé en moyenne à environ :

26 $\times$ 0,10 ou 2 fr. 60 par tonne pour les marchandises, pour le parcours entre Lons-le-Saunier et Clairvaux.

42 $\times$ 0,10 ou 4 f. 20 par tonne pour les marchandises, pour le parcours entre Clairvaux et St-Claude.

Soit 6 fr. 80 par tonne pour le trajet entre Lons-le-Saunier et St-Claude.

26 $\times$ 0,065 ou 1 f. 70 par personne pour le transport des voyageurs sur le parcours entre Lons-le-Saunier et Clairvaux.

42 $\times$ 0,65 ou 2 f. 75 par personne pour le transport des voyageurs sur
le parcours entre Clair-
vaux et St-Claude.

Soit 4 f. 45 par personne pour le trajet
total entre Lons-le-Saunier et Saint-Claude.

Appliquant ces prix aux quantités que j'ai
indiquées plus haut on trouve que la recette probable sur le chemin de fer de Lons-le-Saunier à
St-Claude pourrait être alors par an, de 55,000 $\times$
2,60, + 58,000 $\times$ 1,70 + 22,000 $\times$ 4,20,
+ 33,000 $\times$ 2,75 ou 424,750 fr., pour une
longueur de voie de 68 kilom. environ, ce qui
correspond à 6,250 fr. environ par kilomètre et
par an.

Frais d'exploitation. — Les frais d'exploitation d'un chemin de fer dépendent non-seulement
de la quantité et la nature du trafic, mais encore
des degrés d'inclinaison et de courbure de la voie ;
ces degrés font même varier les frais dans une
proportion bien plus considérable que le plus ou
moins d'importance du trafic, par suite de
l'augmentation énorme du travail, de la résistance
à vaincre et du poids qu'on est obligé de don-

ner aux machines pour avoir une adhérence suffisante. On le comprend facilement en examinant ce que peut remorquer une locomotive d'un type donné suivant les degrés d'inclinaison de la voie, ou le travail qu'elle devrait produire pour remorquer une charge donnée suivant telle ou telle inclinaison de la voie.

Ainsi les locomotives à marchandises à **six roues** **couplées** du chemin de fer de Lyon, dont le poids avec le tender est de 55 tonnes et qui remorquent à une vitesse de 15 kilomètres à l'heure sur des rampes de 5 m|m un train du poids brut de 473 tonnes ne peuvent remorquer sur des **rampes** de 10 m|m au plus que 271 tonnes,

de 20   »   150   »
de 30   »   74   »

Ces locomotives développent le travail d'environ 65 à 70 chevaux-vapeur pour remorquer 74 tonnes sur une rampe de 5 m|m à une vitesse de 15 kilomètres à l'heure. Pour remorquer cette même charge à la même vitesse sur une rampe de 10 m|m elles développeraient le travail de 100 à 105 chevaux-vapeur, sur rampe de 20 m|m de 170 à 175 chevaux-vapeur, et enfin sur rampe de 30 m|m de 245 à 250 chevaux-vapeur.

Pour voir quels pourraient être les frais d'exploitation sur le chemin de fer projeté, d'après les lignes en cours d'exploitation, il faut donc prendre pour terme de comparaison des lignes qui présentent à la fois, à peu près les mêmes chiffres de recettes et les mêmes conditions topographiques. Les lignes qui présentent le plus d'analogie à celle projetée sous les deux points de vue sont celles du Cantal, exploitées actuellement par la compagnie de Lyon, pour le compte de la compagnie d'Orléans. Ces lignes ont une recette brute d'environ 6,200 fr. par kilomètre et par an ; leur exploitation coûte à la compagnie de Lyon environ 7,400 fr. par kilomètre et par an ; pour avoir les frais totaux, il faut ajouter environ 600 fr pour tenir compte des frais de gestion de la compagnie d'Orléans ; les frais d'exploitation sont ainsi en réalité de 8,000 f. environ par kilomètre et par an. Disons, en passant, que l'établissement de ces chemins a coûté plus de 350,000 fr. par kilomètre.

Les autres exemples qu'on pourrait citer donnent le même résultat. Ainsi les frais d'exploitation doivent être estimés à environ 8,000 fr. par kilomètre et par an, soit environ 50 p. 0|0 en sus des recettes.

On peut être tenté de croire qu'une petite compagnie pourrait faire des économies telles que la différence entre le chiffre des recettes et celui des dépenses puisse être annihilée ou tout au moins sensiblement diminuée. Mais il s'est formé en France beaucoup de petites compagnies pour les embranchements sur les grandes lignes. Elles n'ont eu d'économie que quand elles ont été fusionnées avec les grandes compagnies. On ne doit par conséquent pas compter sur une dépense inférieure à 8,000 fr. par kilomètre et par an avec le matériel et les moyens d'exploitation ordinairement usités sur les réseaux des grandes lignes.

Il faudrait donc non-seulement livrer à l'entreprise qui consentirait à se charger de l'exploitation, la voie toute posée, les bâtiments, le matériel fixe et roulant, les approvisionnements, un fonds de roulement suffisant, enfin tout ce qui est nécessaire pour exploiter le chemin, mais encore lui donner une subvention annuelle assez importante pour la couvrir des pertes probables.

On ne peut songer à établir un chemin de fer dans de telles conditions.

S'ensuit-il de là qu'on doive laisser les choses dans l'état actuel, et renoncer à jouir sinon en totalité, du moins en partie des avantages que la locomotion à vapeur donne aux grands trafics? Non! car les éléments que l'on emploie doivent être en général proportionnés au but à remplir ; le matériel et les systèmes d'exploitation , actuellement en usage sur nos chemins de fer conviennent parfaitement aux grands trafics; il n'y a rien d'étonnant, à ce que leur emploi puisse ne pas donner un bon résultat pour un trafic restreint, et il n'y a rien que de parfaitement logique à espérer obtenir un bon résultat de l'emploi d'un matériel et d'un système d'exploitation qui seraient proportionnés à ce trafic.

Le seul inconvénient que présente l'emploi d'un matériel différent de celui usité pour les grandes lignes est le transbordement des marchandises (1) à Lons-le-Saunier pour les communications avec les chemins de fer qui y aboutissent ou y aboutiront. C'est un inconvénient réel, et il est certain qu'il vaudrait mieux ne pas avoir à le subir. Mais si les économies, résultant de l'emploi d'un matériel spécial combiné avec celui d'une voie étroite, (la réduction de la largeur de la voie ne peut

---

(1) Pour les voyageurs, ce transbordement existe toujours sur les embranchements.

soulever d'objection, du moment où l'on recon-
naît que le transbordement est forcé) présentent
un chiffre notablement supérieur à celui de
l'augmentation de frais que peut produire le
transbordement, de manière à permettre d'améliorer l'état actuel des transports avec une dépense
relativement restreinte, qu'importe cet inconvénient? L'important est d'arriver au but qu'on se
propose et qu'on ne doit pas perdre de vue : ce but,
c'est de diminuer les prix de transport dans une
proportion suffisante pour donner, aux industries
des localités privées de chemins de fer, les moyens
de se maintenir et d'étendre le plus possible les
débouchés des produits, fabriqués ou naturels, du
département, et de faciliter le mouvement des
voyageurs.

Il faut donc examiner quels seraient les frais
d'exploitation avec une voie étroite.

Frais d'exploitation avec voie étroite. — Les
chemins de fer à voie étroite, construits jusqu'à
ce jour, présentent des largeurs de voie variant
de 0,61 à 1 m. 22. La largeur qui paraît offrir
les meilleures conditions, aussi bien pour l'établissement du chemin et du matériel roulant que pour
le service des voyageurs et des marchandises, est

celle de 1 mètre environ, qui a été adoptée pour les chemins suédois et australiens et pour beaucoup de chemins industriels ; c'est donc cette largeur qu'il convient d'adopter pour la voie étroite.

Pour déterminer les frais d'exploitation d'une manière générale, sans crainte d'erreur bien sensible et sans entrer dans des détails très complexes, le mieux est de les estimer par kilomètre de train parcouru, d'après les chemins de fer établis dans des conditions à peu près analogues.

Ces frais dépendent de l'importance du trafic et des conditions d'inclinaisons et de courbures du tracé ; or, la nécessité absolue et bien reconnue, de réduire les frais de construction à la plus faible valeur possible, pour que l'exécution du chemin de fer soit réalisable, exige, d'après la topographie du pays, que l'on adopte, pour le tracé, les limites d'inclinaisons et de courbures, les plus étendues que l'administration supérieure reconnait maintenant comme admissibles pour une exploitation régulière, soit 35 m|m par mètre pour les inclinaisons et 100 mètres pour les rayons des courbes ; il faut donc estimer les frais d'exploitation pour un tracé présentant ces limites d'inclinaisons et de courbures.

Le premier élément de cette estimation consiste dans le poids des locomotives qui se détermine d'après le tonnage brut dont doit pouvoir être composé un train, pour satisfaire aux besoins du service courant et régulier.

Or, si l'on fait quatre trains par jour, dans chaque sens, entre Lons-le-Saunier et Clairvaux et deux entre Clairvaux et St-Claude, on assurera parfaitement le service, en composant chaque train d'un wagon à 2 classes de voyageurs contenant 30 places environ et de 4 wagons à marchandises pouvant recevoir un chargement total utile de 20 tonnes, soit 5 tonnes par wagon. Car on pourrait ainsi transporter par jour :

Environ 240 voyageurs et 160 tonnes entre Lons-le-Saunier et Clairvaux ;

Environ 120 voyageurs et 80 tonnes entre Clairvaux et St-Claude.

Les wagons à marchandises recevant un chargement de 5 tonnes ne pèseront pas plus de 2 tonnes à vide, leur poids total avec leur chargement sera ainsi d'environ 7 tonnes. Le poids des wagons à voyageurs sera au maximum d'environ 6 tonnes; le poids brut total d'un train sera ainsi d'environ 34 tonnes.

Une locomotive à 6 roues couplées pouvant remorquer ces 34 tonnes à une vitesse d'environ 16 kilomètres à l'heure devra peser environ 16 tonnes, et avoir une surface de chauffe totale d'environ 60 mètres carrés (6 mètres carrés de surface directe et 54 mètres carrés de surface de tubes) ; sa puissance de traction devra être d'environ 1940 kilogrammes ; son travail serait ainsi celui de 120 chevaux-vapeur. La voie de 1 m. permet d'établir sans aucune difficulté des locomotives présentant ces conditions ; chez MM. Boigues Rambourg et C°. maîtres de forges, il y a pour leur service des usines de Commentry au canal du Berry, un chemin de fer de 1 mètre de largeur de voie, sur lequel les locomotives à 6 roues couplées qui font un excellent service, pèsent 15 tonnes et ont une puissance à peu près égale à celle qui vient d'être indiquée ; les transports sur ce chemin s'élèvent à 400,000 tonnes par an.

Avec des locomotives exerçant une pression sur le rail d'au plus 5 tonnes 1/2 par essieu, les rails pesant 25 kilogrammes par mètre feront, avec de fortes rampes et de faibles rayons de courbures, un aussi bon service que ceux de 40 kilogrammes sur les chemins de fer ordinaires. Dans de telles conditions les frais d'exploitation sont d'environ 5 fr. à 3 fr. 10 par train et par kilomètre. Le nombre de kilomètres parcourus par an par les trains sur toute la ligne qui aurait 68 kilomètres de long, serait avec la quantité de trains indiquée plus haut, de 138,262. Les frais d'exploitation par an, seraient ainsi d'environ 415,000 à 430,000 franc., soit environ 6,100 fr. à 6,300 fr., en moyenne 6,200 fr. environ par kilomètre de voie courante et par an.

Comparaison des recettes et des dépenses. — Les recettes probables sont d'environ 6,250 fr. par kilomètre et par an ; les dépenses sont donc égales au recettes. Par conséquent, avec le tarif adopté, l'exploitation devient possible sans perte ; mais le revenu du chemin ne pourrait produire aucun intérê au capital de premier établissement.

Le tarif adopté donne sur les transports par voie de terre une économie d'environ 75 p. 0⸝0 pour les marchandises et 35 p. 0⸝0 pour les voyageurs. Est-il bien nécessaire qu'on atteigne cette proportion pour satisfaire la grande majorité des intérêts ? Non évidemment, si l'on ne s'en éloigne pas beaucoup. En prenant, par exemple, un tarif qui, au lieu de 75 p. 0|0 et 35 p. 0|0 produise des économies de 70 p. 0|0 et 25 p. 0|0, le résultat en serait à bien peu près le même pour le commerce et l'industrie au point de vue du prix des marchandises expédiées et rendues à destination ; l'écart n'est pas assez grand, pour avoir d'influence sur ce prix, eu égard au peu de longueur du chemin, et cela produirait une augmentation de recettes suffisante pour engager la spéculation à consacrer des capitaux particuliers à l'établissement du chemin de fer, ce qui en faciliterait considérablement l'exécution dans un avenir prochain.

Frais d'établissement du chemin de fer. — Le tracé du chemin de fer de Lons-le-Saunier à St-Claude par Clairvaux et Moirans avec des pentes de 35 m|m par mètre au maximum et des rayons de courbures de 100 mètres au minimum, de manière à éviter autant que possible les ouvrages d'art, présente un développement de 68 kilomètres. Le détail du devis des dépenses de la construction jusqu'à la mise en exploitation se résume ainsi qu'il suit :

NATURE des DÉPENSES.	DÉPENSES TOTALES.	Dépenses par kilom. de voie courante.
Frais généraux	340,000	5,000
A hats de terrains	346,910	5,100
Terrassements	1,191,500	17,530
Ouvrages d'art	515,250	7,580
Clôtures nécessaires et passage à niveau.	104,400	1,530
Bâtiments, mobilier et matériel fixe . . . . , .	194,000	2,850
Voie de fer et accessoires. .	1,638,800	24,100
Alimentation des machines. .	72,000	1,060
Matériel roulant.	680,000	10,000
Télégraphe	27,200	400
Fonds de roulement . . .	136,000	2,000
Totaux. . . .	5,246,000	77,150

Ainsi les frais de premier établissement s'élèvent à 77,150 fr. par kilomètre. Les recettes de
l'exploitation ne pouvant produire aucun intérêt
à ce capital, il faudrait que l'entreprise qui consentirait à se charger de l'exploitation soit mise
gratuitement en possession du chemin tout construit et prêt à fonctionner, ou si elle consentait
aussi à se charger de la construction, qu'elle reçût
une subvention au moins égale au montant total
des frais d'établissement. On comprend facilement

qu'une telle combinaison est bien peu pratique ; il faut que des capitaux particuliers puissent être consacrés à cette entreprise, et, par conséquent, il conviendrait d'adopter un tarif un peu moins bas, réduisant les prix des transports par voie de terre dans la proportion dont nous avons parlé tout à l'heure ; la moyenne de ce tarif serait de 0,12 par tonne et par kilomètre pour les marchandises, et de 0 fr. 08 par personne et par kilomètre pour les voyageurs. La recette kilométrique annuelle serait alors de 7,500 fr. environ, au lieu de 6,250, et le bénifice net par kilomètre de 4300 fr. environ.

Dans ces conditions, une entreprise particulière pourrait, raisonnablement, engager dans la construction du chemin de fer un capital d'environ 47,150 fr. par kilomètre, soit environ 1,166,200 fr. pour toute la ligne.

La subvention totale nécessaire serait de 60,000 fr. par kilomètre ou de 4,080,000 fr. pour toute la ligne. Or, d'après la loi du 12 juillet 1865, le département du Jura a droit, de la part de l'Etat, à une subvention égale au tiers de la subvention totale nécessaire, soit 20,000 fr. par kilomètre ou 1,360,000 fr. en tout.

La subvention à fournir par le département et les communes pour que le chemin de fer puisse être exécuté, serait donc de 40,000 fr. par kilomètre ou 2,720,000 fr. pour toute la ligne. Les ressources du département et des communes sont-elles suffisantes pour permettre d'espérer que ce chiffre sera atteint? Il est difficile d'en douter, quand on voit les sommes consacrées dans d'autres départements à l'établissement des chemins de fer d'intérêt local. Ainsi les subventions du département et des communes, se sont élevées, dans la Saône-et-Loire, à 6,400,000 fr pour 131 kilomètres, soit 48.850 fr. par kilomètre ; dans le Haut-Rhin à 2,190,000 fr. pour 19 kilomètres seulement, ou 115,250 fr. par kilomè re; dans l'Hérault, à 13,275,000 fr. pour 177 kilomètres, ou 75,000 fr. par kilomètre, plus tous les terrains nécessaires; dans la Sarthe, à 110,000 fr. par kilomètre pour 74 kilomètres ; dans l'Ain, beaucoup moins riche que le Jura, à 36,250 fr. par kilomètre pour 90 kilomètres.

PROJET

D'UN

RÉSEAU DE CHEMINS DE FER

D'INTÉRÊT LOCAL

DANS LES MONTAGNES DU JURA.

La ville de Morez poursuivait depuis longtemps l'espoir d'obtenir de la C⁶ Paris-Lyon-Méditerranée, la construction du prolongement de la ligne d'Andelot à Champagnole. Mais l'exploitation de cette ligne n'a que trop montré à la compagnie que, si ses moyens d'action conviennent parfaitement à un grand trafic, ils ne peuvent donner que des résultats ruineux pour un trafic restreint avec un tracé présentant forcément de grandes inclinaisons; elle a donc dû repousser les demandes qui lui ont été faites pour ce prolongement, sans même qu'il y eut besoin d'examiner la question des frais d'établissement. Une lettre très positive du directeur, M. Talabot, adressée dans le commencement du mois de mai au comité d'étude du chemin de fer de Morez, n'a plus permis de conserver le moindre espoir au sujet du prolongement tant désiré.

Je fus alors engagé par les communes intéressées à faire l'étude d'un chemin de fer à voie étroite entre Lons-le-Saunier et Morez par Champagnole et St-Laurent, sur les mêmes bases que celles du projet de Lons-le Saunier à St-Claude.

La ville de Salins, venant à connaître ce projet d'étude, et pensant qu'un arrangement quelconque pourrait intervenir avec la Compagnie de Lyon au sujet du tronçon d'Andelot à Champagnole pour relier directement Salins à la ligne de Champagnole à Morez, me chargea aussitôt d'étudier un chemin de fer à voie étroite de Salins à Andelot pour compléter l'étude du réseau qui desservirait les intérêts de la montagne aussi bien que de la plaine dans tout le département du Jura.

D'après les votes des différentes communes, j'ai donc été amené à faire l'étude d'ensemble des lignes suivantes :

Lons-le-Saunier à St-Claude par Clairvaux et Moirans.

Lons-le-Saunier à Morez par Champagnole et St-Laurent.
Salins à Andelot.

Cette étude n'est pas encore terminée complétement sur le terrain, mais les opérations sont assez avancées pour me permettre d'affirmer à coup sûr que les frais d'établissement seront à peu près les mêmes que ceux trouvés pour la ligne de Lons-le-Saunier à St-Claude, et qu'ils seront compris entre 75,000 fr. et 80,000 fr. par kilomètre, suivant le détail ci-après :

NATURE DES DÉPENSES.	PRIX PAR KILOMÈTRE.	
Frais généraux	5,000 fr.	
Achats de terrains	5,000	à 5,200 **fr.**
Terrassements.	17,500	à 18,000 »
Ouvrages d'art.	8,000	à 9,000 »
Clôtures et passages à niveau	1,500	à 1,600 »
Bâtiments	2,800	à 3,000 »
Voie et accessoires	23,500	à 24,000 »
Alimentation des machines.	900	à 1,000 »
Matériel roulant.	9,500	à 10,000 »
Télégraphe. . , ...	400	
Fonds de roulement.	2,000	
Total.	76,100	à 79,200 fr.

Quant au trafic, en s'appuyant sur les mêmes bases que pour la ligne de Lons-le-Saunier à St-Claude, on trouve qu'il produirait une recette d'environ 5,400 fr. par kilomètre et par an pour le réseau, avec un tarif de 0,10 par tonne et par kilomètre pour les marchandises et de 0,065 par personne et par kilomètre pour les voyageurs.

Les frais d'exploitation, que, pour la ligne seule de Lons-le-Saunier à St-Claude, j'avais estimés de 3 fr. à 3 fr. 10 par kilomètre de train parcouru, pourraient être réduits à 2 fr. 50 ou 2 fr. 60 environ, ce qui correspondrait à 5,100 ou 5,300 fr. environ par kilomètre de voie courante et par an.

Dans ces conditions les bénéfices seraient insignifiants ; il conviendrait donc de faire comme je l'ai dit pour le chemin de fer de Lons-le-Saunier à St-Claude seul, c'est-à-dire, de porter les chiffres moyens du tarif à 0, 12 et à 0,08.

La recette par kilomètre et par an serait alors d'environ 6,500 fr. et le bénéfice de 1,200 fr. à 1,400 fr.

A ce taux une entreprise particulière pourrait, raisonnablement, consacrer 16,000 fr. à 20,000 francs environ au plus, par kilomètre à l'établissement de ces chemins de fer. La subvention totale nécessaire serait ainsi de 60,000 fr. par kilomètre, soit pour tout le réseau, de 8,640,000 fr. (la longueur totale étant de 144 kilomètres, savoir :

De Lons-le-Saunier à Verges.	14	kil.
De Verges à St-Claude	54	»
De Verges à Champagnole	25	»
De Champagnole à Morez.	37	»
D'Andelot à Salins	14	»
Total.	144	kil.

D'après la loi du 12 juillet 1865, l'Etat allouerait une somme égale au tiers de la subvention totale nécessaire, soit de 2,880,000 fr. — ; La subvention à faire par le département et les communes serait donc de 5,760,000 fr. Cette somme est faible, relativement à celles consacrées par beaucoup d'autres départements à des chemins de fer d'intérêt local, et la situation financière du département et des communes peut permettre de la réaliser sans grands sacrifices.

J. GANDILLOT,

Ancien élève de l'école Polytechnique.

Salins, Typ. Billet.